*12 Décembre 1898.*

V

# VENTE

## HOTEL DROUOT — SALLE N° 11

### Le Lundi 12 Décembre 1898

A DEUX HEURES UN QUART

# MEUBLES ANCIENS

## Bois sculptés

# ANCIENNES TAPISSERIES

## Marbres, Bronzes, Porcelaines, Faïences, etc.

*Arrivant en grande partie de province*

## EXPOSITION PUBLIQUE

### Le Dimanche 11 Décembre 1898

De 1 heure 1/2 à 5 heures 1/2

| **M° G. DUCHESNE** | **M. A. BLOCHE** |
|---|---|
| COMMISSAIRE-PRISEUR | EXPERT |
| Rue de Hanovre, n° 6 | Rue de Châteaudun, n° 28 |

PARIS — 1898

IMPRIMERIE MAULDE ET RENOU

———

**MAULDE DOUMENC & Cie**

IMPRIMEURS DE LA COMPAGNIE DES COMMISSAIRES-PRISEURS

*Rue de Rivoli, 144*

# CATALOGUE

DE

# MEUBLES ANCIENS

## Des époques de la Renaissance

## Louis XIII, Louis XIV, Louis XV et Louis XVI

CRÉDENCES, BAHUTS

ARMOIRES, SECRÉTAIRES, COMMODES, BUREAUX

TABLES, FAUTEUILS, ETC.

## BOIS SCULPTÉS

Dais, Tabernacle, Colonnes, Statues et Groupes

# 8 TAPISSERIES ANCIENNES

**Marbres, Bronzes. Étains, Faïences, Porcelaines**

**Objets de vitrine, etc.**

EN GRANDE PARTIE

ARRIVANT DE PROVINCE

*Et dont la vente aura lieu*

## HOTEL DROUOT, SALLE N° 11

## Le Lundi 12 Décembre 1898

A DEUX HEURES UN QUART

| Mᵉ G. DUCHESNE | M. A. BLOCHE |
|---|---|
| COMMISSAIRE-PRISEUR | EXPERT |
| Rue de Hanovre, n° 6 | Rue de Châteaudun, n° 28 |

## EXPOSITION PUBLIQUE

**Le Dimanche 11 Décembre 1898, de 1 heure 1/2 à 5 heures 1/2**

# CONDITIONS DE LA VENTE

—

Elle sera faite au comptant.

Les acquéreurs paieront CINQ CENTIMES PAR FRANC en sus des adjudications.

Aucune réclamation ne sera admise une fois l'adjudication prononcée.

MAULDE, DOUMENC et Cⁱᵉ, imp. de la Cⁱᵉ des Commissaires-Priseurs, rue de Rivoli, 144. 3oo—77947

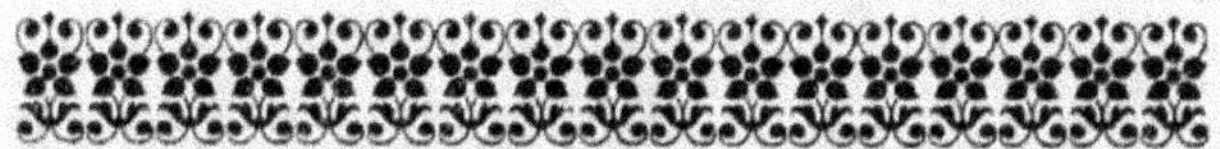

# DÉSIGNATION

—

## TAPISSERIES

1 — Ancienne Tapisserie : Scène villageoise à nombreux personnages représentant une noce précédée d'un Joueur de biniou se rendant au festin. Bordure à fleurs, fruits, petits animaux et cartouche à arbre généalogique. Larg. 3$^m$,45 ; haut. 2$^m$,70.

2 — Tapisserie verdure animée d'un oiseau étranglé par un renard et de cygnes sur un lac. Dans le lointain un village auquel conduit un pont. Large bordure à fleurs, guirlandes formant lambrequin, cartouches à paysages. Époque Louis XIII. Haut. 3$^m$ ; larg. 3$^m$,90.

3 — Ancienne Tapisserie d'Aubusson, verdure avec oiseaux. Bordure à corbeille de fleurs et feuillages. Haut. 2$^m$,55 ; long. 3$^m$,90.

4 — Belle Tapisserie verdure avec animaux. Bordure à fleurs et fruits. Haut. 2$^m$,55 larg. 4$^m$,15.

5 — Belle Tapisserie ancienne : verdure avec oiseaux

au premier plan, cygnes sur un lac, village dans le lointain. 2$^m$,35 sur 2$^m$,90.

6 — Portière en Tapisserie ancienne représentant une Reine sous un Dais, recevant les hommages d'un prince.

7 — Portière en Tapisserie: verdure avec oiseaux.

8 — Portière en tapisserie: verdure fine avec bordure de fleurs et fruits.

## MEUBLES, BOIS SCULPTÉS

9 — Crédence à colonnettes, tiroir sculpté à feuilles d'acanthe. Époque Louis XIII.

10 — Petite crédence, tiroir sculpté à tête de lion. Époque Louis XIII.

11 — Meuble ancien à deux corps, ouvrant à tiroirs et cinq portes dont deux de côté, orné de pilastres à chapeau sculpté.

12 — Ancienne Armoire en chêne. Époque Louis XIII.

13 — Bahut en vieux chêne sculpté, à pilastres cannelés, panneaux, cartouches, etc. Époque Louis XIII.

14 — Beau Bahut en vieux chêne avec appliques et panneaux sculptés représentant : l'Annonciation, Adam et Ève chassés du Paradis, la Tentation. Époque de la Renaissance.

15 — Beau Bahut ancien gothique.

16 — Autre beau Bahut gothique avec serrure de l'époque.

17 — Beau Bahut à pilastres sculptés et panneaux décorés de feuillages. Époque Louis XIII.

18 — Autre beau Bahut de la même époque avec panneaux sculpté.

19 — Belle Glace bois sculpté et doré. Époque Louis XV.

20 — Deux grandes Colonnes bois sculpté à amours et chapiteaux dorés.

21 — Lutrin bois sculpté avec aigle tenant un serpent dans son bec et supporté par trois consoles enguirlandées.

22-23 — Quatre Colonnes en bois sculpté et peint.

24-25 — Quatre belles Colonnes avec chapiteaux en bois sculpté et doré (d'un seul bloc).

26 — Deux grands Fauteuils en bois sculpté. Époque Louis XIV.

27 — Fauteuil canné Louis XIV.

28 — Chaise d'angle.

29 — Fauteuil à oreilles, à crémaillère. Époque Louis XIII.

30 — Deux Chaises forme Lyre (paillées).

31 — Trois Chaises à coquille (paillées).

32 — Bergère. Époque Louis XV.

33 — Dessus de cheminée formant encadrement à fronton et pilastres sculptés et dorés.

34 — Deux Panneaux formant portes, en chêne sculpté, peint et doré, à décor d'amours soutenant un cartouche.

35 — Deux Boiseries sculptées avec niches.

36 — Grand Fronton chêne sculpté avec cadre intérieur.

37 — Quatre très beaux Reliquaires d'applique en bois sculpté à jour et doré.

38 — Deux Stèles sculptées avec guirlandes. Époque Louis XVI.

39 — Grand et beau Dais tout en bois sculpté et doré. Les montants sont surmontés de figures d'anges, de lambrequins avec glands formant pendentifs et des guirlandes formant dôme et supportant une figure.

40 — Quatre beaux Montants de Boiserie, sculptés et dorés sur fond peint en bleu. Époque Louis XIV.

41 — Deux Colonnes d'applique cannelées avec chapiteaux dorés.

42-43 — Huit Cadres sculptés et dorés.

44 — Beau Tabernacle décoré de colonnettes sculptées et de cinq personnages.

45 -- Deux Chandeliers bois sculpté avec guirlandes. Époque Louis XVI.

46 — Beau Groupe en bois de chêne sculpté : la Vierge tenant l'Enfant Jésus. Grandeur naturelle. Époque Louis XV.

47 — Intéressante Statue de sainte Claire.

48 — Groupe en chêne sculpté et peint : Saint Georges terrassant le Dragon.

49 — Groupe en bois sculpté peint et doré : la Vierge et l'Enfant Jésus.

50 — Deux petits Anges adorateurs en bois doré.

51 — Groupe en bois sculpté : Résurrection du Christ.

52 — Deux Amours dont un tient une guirlande. Bois doré.

53 — Christ, bois sculpté. Moyen âge.

54 — Groupe en pierre sculptée : saint Roch et son chien.

55 — Saint Sébastien sous un Dôme.

56 — Deux Statuettes d'anges gardiens.

57 — Deux Anges adorateurs.

58 — Deux Urnes en chêne sculpté à grosses fleurs et rubans.

59 — Cul-de-lampe à tête d'ange.

60 — Grosse Tête d'ange ailée.

61 — Six Appliques de différentes grandeurs sculptées.

62 — Tabernacle avec porte en bois sculpté.

63 — Petite Console du temps de l'Empire.

64 — Commode Louis XIII ornée de bronzes.

65 — Divers Objets en bois sculpté.

66 — Bureau à dos d'âne du temps de Louis XV en bois rose et de violette, orné de bronzes.

67 — Bureau plat du temps de Louis XV, pieds à cannelures.

68 — Commode du temps de Louis XV en palissandre ornée de bronzes.

69 — Table forme violon en marqueterie de bois rose, ornée de bronzes. Style Louis XV.

70 — Table de nuit en acajou, ornée de bronzes. Époque Louis XVI.

71 — Petite Toilette à coiffer en acajou ornée de bronzes. Époque Louis XVI.

72 — Secrétaire en bois rose, orné de bronzes. Époque Louis XVI.

73 — Table à jeu en acajou, ornée de cuivre.

74 — Table à jeu en bois rose et marqueterie.

75 — Six grandes Chaises du tempe de Louis XIII, couverte en tapisserie au point.

76 — Fauteuil garde-robe en bois sculpté, Louis XVI.

77 — Glace avec cadre en bois sculpté, Louis XVI.

78 — Glace avec trumeau peint.

79 — Deux Consoles en chêne sculpté.

80 — Trois Cariatides sculptées et dorées.

81 — Table Louis XIII en bois tourné.

82 — Petit Cabinet en laque burgauté. Époque Louis XIV.

83 — Coffret en laque, le dessus formant pelotte.

## MARBRES, BRONZES, PORCELAINES
## FAIENCES
## OBJETS DE VITRINE, ETC.

84 — Beau Buste en marbre représentant un abbé du XVIIIe siècle. Sculpture de l'époque.

85 — Statuette de femme drapée, en marbre.

86 — Deux Figurines vieux Chine : Enfants debout.

87 — Baril en grès émaillé, décor à armoiries et sujets Renaissance.

88 — Grand Panneau composé de plaques de revêtement, décor bleu à personnages.

89 — Deux Épées à lames longues et fines. xvi<sup>e</sup> siècle.

90 — Petit Écran en pierre de lard, monture en bois de fer.

91 — Coffret forme châsse en cuivre repercé. xvi<sup>e</sup> siècle.

92 — Paire de Chenets Louis XIII, en bronze.

93 — Trois paires de Flambeaux en cuivre argenté.

94 — Trois Brocs anciens en étain.

95 — Paire de petits Chenets Louis XIII en bronze.

96 — Paire de petits Chenets gothiques.

97 — Deux autres paires de Chenets.

98 — Sucrier en étain repoussé. Époque Louis XIII.

99 — Plaque de cheminée en fonte armoriée.

100 — Deux Seaux en faïence de Strasbourg, décor à fleurs.

101 — Bourdaloue en ancienne porcelaine de Saxe, décor en relief.

102 — Vase en vieux Sèvres, décor quadrillé à rehauts d'or avec chiffre dans un médaillon, pied en bronze.

103 — Théière en vieux Sèvres décor au paon et à guirlandes.

104 — Boîte à thé en vieux Sèvres, décor à fleurs.

105 — Joli Vase en vieux Saxe décor à fleurs et branchages en relief, socle bronze.

106 — Cafetière en étain.

107 — Deux Statuettes d'enfant chinois, à la feuille de chou en porcelaine.

108 — Grande Tasse à anse en faïence de Delft décor bleu.

109 — Vase forme bouteille en porcelaine du Japon rouge haricot.

110 — Sucrier en porcelaine de Saxe, décor à fleurs.

111 — Quatre Assiettes en vieux Chine.

112 — Groupe en faïence : Marchande de fruits et petits voleurs.

113 — Trois Cadres de pavés céramiques anciens.

114 — Etui en vernis dit de Martin, garniture or.

115 — Ancienne Lanterne en écaille.

116 — Petit Tableau russe garni d'argent.

117 — Plaquette en ivoire sculpté à double face : Sujets saints.

118 — Médaillon à double face en émail : Le Christ en croix et la Sainte Trinité.

119 — Agrafe filigrane d'argent avec plaque d'émail : Les Rois Mages.

120 — Ancienne Plaque d'agrafe rocaille en doublé.

121 — Tableau ancien : La Gabelle. Époque Louis XVI.

122 — Sous ce numéro seront vendus quelques objets non catalogués.

RED. :

18



0 1 2 3 4 5 6 7 8 9 10

# BIBLIOTHEQUE NATIONALE DE FRANCE

****

# CHATEAU DE SABLE

1996

9 782329 255347